Vorwort

Bei uns zu Hause war immer Musik zu hören. Wenn Mama lauthals in der Küche sang, dachte ich, sie würze damit das Essen. Da ich beim Kochen oft dabei war, und meine Mama einen riesigen Gewürzschrank voller Lieder besitzt, erlernte ich ein grosses Repertoire an Kinder- und Volksliedern, aber auch an Schlagern und Evergreens. Wenn ich auf meinem Akkordeon spielte, stellte ich mir vor, ich sei ein Pirat auf einem grossen Schiff, und meine Seemannslieder klangen weit übers Meer. Die traurigsten Flötenklänge füllten mein Zimmer, wenn ich mich missverstanden fühlte und ich in meiner Phantasie in einem hohen Turm eingesperrt war. Meine Wut liess ich meist an meiner Gitarre aus.

Wenn Papa nach Hause kam, drehte ich das Radio auf, stieg auf Papas Füsse, und er tanzte mit mir durchs Wohnzimmer. War ich auf dem Schulweg alleine unterwegs, sang ich einfach vor mich hin und schon fühlte ich mich nicht mehr so einsam. Und wenn ich still sein musste, spielte in meinem Kopf ein ganzes Orchester kleiner Männchen nur für mich. Musik war und ist auch heute noch meine ständige Begleiterin.

Während meiner Zeit im Kindergärtnerinnenseminar stellte Linard Bardill, ein Bündner Liedermacher, eine seiner Kinderlieder-CDs vor. Ich war fasziniert von ihm und den Kindern, die zu seinen Liedern tanzten, sangen und lachten. In diesem Moment beschloss ich, irgendwann auch so eine CD aufzunehmen, mit Liedern und Versen im Liechtensteiner Dialekt.

Bei meiner Arbeit im Kindergarten stellte ich zunehmend fest, dass die Kinder nur noch wenige Kinder- und Volkslieder kannten. Auch die Verse und Spiele aus meiner Kindheit waren nicht mehr präsent. Dies wollte ich ändern. Ich erinnerte mich wieder an meinen Vorsatz, den ich im Kindergärtnerinnenseminar getroffen hatte.

So entstand ein Buch mit integrierter CD, das Kinderlieder aber auch Fingerverse, Abzählreime und Kniereiter beinhaltet. Von vielen Liedern war nur der Text vorhanden. So erfand ich meine eigener Melodien. Manchmal war auch der Text nicht mehr vollständig zu finden. Also dichtete ich selbst etwas dazu.

Als Kind durfte ich mir abends oft ein Bild aus einem Liederbuch aussuchen. Mama sang für mich das dazu passende Lied. Dieses Ritual ist mir so ans Herz gewachsen, dass ich es weiter geben möchte. So entstand zu jedem Lied in diesem Buch ein buntes Bild.

Diese wunderbaren Schlüsselerlebnisse aus meiner Kinder- und Jugendzeit sind Grundsteine für dieses Buch. Ich freue mich riesig, dass ich meine Erinnerungen an diese schöne Zeit in diesem Buch verewigen konnte.

Man kann nur weitergeben, was man selber erfahren hat.

Rahel Oehri-Malin

Dieses Projekt wurde gefördert durch:
Benno Oehry und Daniela Drexel
Karl Mayer Stiftung, Triesen
Gemeinde Ruggell
Gemeinde Mauren
Gemeindeverwaltung Eschen
TAROM Foundation
LGT Bank in Liechtenstein, Vaduz
Immojak est., Ruggell
Gebrüder Hilti Bauunternehmung AG

Dieses Buch gehört:
_____

Spielanleitungen

Kniereiter
Ein Kniereiter wird meistens von einem Erwachsenen (Eltern, Grosseltern, Tante, Onkel, ...) und einem Kind gespielt. Das Kind sitzt auf dem Schoss des Erwachsenen und wird im Rhythmus des Verses gewippt, als ob es reiten würde.

Fingervers
Beim Fingervers stellen die Finger einer Hand fünf verschiedene Personen dar. Jeder Finger wird einzeln im Rhythmus des Verses angetippt oder leicht bewegt. Beginnend beim Daumen und der ersten Zeile des Verses bis hin zum kleinen Finger und dem Ende des Verses.

Abzählreim
Ein Abzählreim ist eine Art Zufallsgenerator. Er wird genutzt, um zufällig jemand für eine bestimmte Aufgabe (Räuber oder Gendarm, Fänger, Sucher, ...) aus einer Gruppe auszuwählen. Alle stellen sich in eine Reihe oder bilden einen Kreis. Eine bestimmte Person tippt im Rhythmus des Reimes einen nach dem anderen an. Wer beim Ende des Reimes angetippt wird, ist der / die Ausgewählte.

Handspiel
Ein Handspiel wird auf der Handinnenfläche gespielt. Dabei wird im Rhythmus des Verses über die Hand gestrichen, in die Hand geklatscht, gekitzelt, ...

Krabbelspiel
Beim Krabbelspiel wird ein rhythmisch gesprochener Vers mit bestimmten Bewegungen wie kitzeln, am Ohrläppchen ziehen, den Arm mit den Fingern hochtippeln, die Nase antippen, ... unterstützt.

Inhaltsverzeichnis

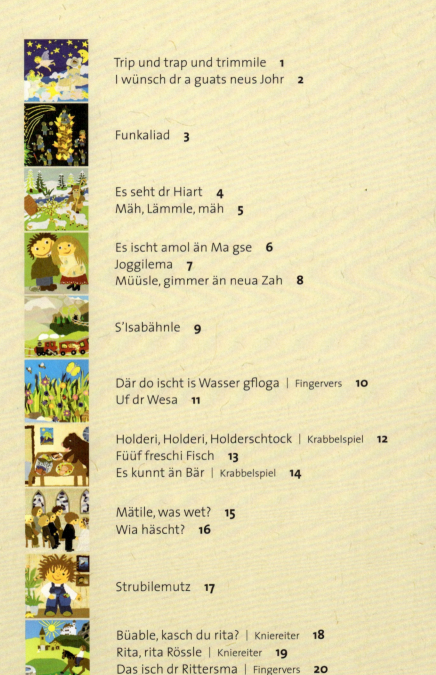

Trip und trap und trimmile 1
I wünsch dr a guats neus Johr 2

Funkaliad 3

Es seht dr Hiart 4
Mäh, Lämmle, mäh 5

Es ischt amol än Ma gse 6
Joggilema 7
Müüsle, gimmer än neua Zah 8

S'Isabähnle 9

Där do ischt is Wasser gfloga | Fingervers 10
Uf dr Wesa 11

Holderi, Holderi, Holderschtock | Krabbelspiel 12
Füüf freschi Fisch 13
Es kunnt än Bär | Krabbelspiel 14

Mätile, was wet? 15
Wia häscht? 16

Strubilemutz 17

Büable, kasch du rita? | Kniereiter 18
Rita, rita Rössle | Kniereiter 19
Das isch dr Rittersma | Fingervers 20

As, zwo, drü | Abzählreim 21
Där Rebel 22
Sälzle, Schmälzle | Handspiel 23

Kumm Annile 24
Rätschbäsa, Kochilumpa | Abzählreim 25

A so wäschen mer d'Wösch 26
Hinter Hansa Hochas Huus 27

Dr Dengilema 28
Es ischt amol än Ma gse 29

Alles Schöne uf dr Erda 30

Gigis, gagis, Eiermuas | Abzählreim 31
Üseri Katz hät Jungi ka 32
Do häscht än Rappa | Handspiel 33

S'goht a Frau gi Öpfel schöttla 34
Söll dr eppis verzella 35

I wet, er wär scho do 36
Öpfel, Biara, Noss | Abzählreim 37

Fenschter zua | Krabbelspiel 38
Müüsle, gang gi schlofa 39

1 | Trip und trap und trimmile

Musik und Text: Rahel Oehri-Malin
Beflügelt vomana
Kindergarta-«Engile»

Trip und trap und trimmile,
liaba Gott im Himmile,
luagsch du eppa zu miar aha,
luagsch, was i so als tua maha?
Trip und trap und trimmile,
liaba Gott, liaba Gott im Himmile.

Trip und trap und trimmile,
liaba Gott im Himmile,
isch dis Bett us Wolka gmacht
und us Schtärna viellecht s'Dach?
Trip und trap und trimmile,
liaba Gott, liaba Gott im Himmile.

Trip und trap und trimmile,
liaba Gott im Himmile,
tuasch du met da Engel singa,
tanza, lacha, ummaschpringa?
Trip und trap und trimmile,
liaba Gott, liaba Gott, liaba Gott im Himmile.

Trip und trap und trimmile,
liaba Gott im Himmile,
kunnt di mol dr Mond gi bsuacha,
gischt äm denn a Schtöckle Kuacha?
Trip und trap und trimmile,
liaba Gott, liaba Gott im Himmile.

Trip und trap und trimmile,
liaba Gott im Himmile,
gohts dr Nana guat bi diar?
Grüass sie bitte liab vo miar,
trip und trap und trimmile,
liaba Gott, liaba Gott im Himmile.

2 | I wünsch dr a guats neus Johr,
dass lang läbscht,
gsund blibscht
und wenn stiarbscht in Himmel kunscht.

3 | Funkaliad

Melodie, 1. und 2. Strophe: überliefert,
Texterweiterung: Josef Frommelt

Bör-di-le und Schtroh, al-ti Wii-ber nöm-mer o!
Ho-ja ho-ja ho, dr Win-ter muass jätz go.
Miar samm-len Holz und Schtroh!

Im Dorf isch höt Krawall.
Miar rummen jeder Schopf und Schtall.
Noch äm Funkagsetz git üs dr Waldhiart höt
a Latta met ma Schpetz.

Dr Funka scho fascht schtoht,
bega wörd was uffi goht.
Jeder schpöötzt i d'Hand, das Holz das langet kand,
förs gröschti Füür im Land.

Alti Röck und Schuah
sin för d'Funkahäx guat gnuag.
Dass es richtig tätscht, wörd iahra Ranza z'letscht
met Böller rundum bsetzt.

Am achti wörd azünt.
Dr Funkameischter schreit und schpinnt.
S'Füür macht alls taghäll,
a Hetz wörds wia ir Höll.
Das butzt dr Winter schnäll!

S'schüüsst und pfiift wia weld.
D'Mätla wiisglen, wenn's rächt schnellt.
I dr Flammahetz häts met ma gwaltiga Bletz
grad d'Funkahäx vertätscht.

Bördile und Schtroh,
alti Wiiber nömmer o.
Kinder heijo hei, dr Winter isch verbei.
Sin s'nögscht Johr o derbei.

4 | Es seht dr Hiart zu sina Schöfle:
«Wo mahen mer üsers Schlöfle?»
Do set a kliises Lämmle:
«Döt unter amna Tännle.»

5 | Mäh, Lämmle, mäh

Überliefert

Mäh, Lämmle, mäh, das Lämmle lauft im Schnee. Do schtosst sich's a-ma-na Schtä-le, do tuatäm weh sis Bä-le, do schreit das Lämmle: «Mäh!»

Mäh, Lämmle, mäh,
das Lämmle lauft im Schnee.
Do schtosst sich's amana Brückle,
do tuat äm weh sis Rückle,
do schreit das Lämmle: «Mäh!»

Mäh, Lämmle, mäh,
das Lämmle lauft im Schnee.
Do schtosst sich's amana Schtrüchle,
do tuat äm weh sis Büchle,
do schreit das Lämmle: «Mäh!»

Mäh, Lämmle, mäh,
das Lämmle lauft im Schnee.
Do schtosst sich's amana Schtängile,
do kunnt a kliises Engile,
und schtriichlet s' Lämmle: «Mäh!»

Mäh, Lämmle, mäh,
das Lämmle lauft im Schnee.
Do schtosst sich's amana Röhrle,
do tuat äm weh sis Öhrle,
do schreit das Lämmle: «Mäh!»

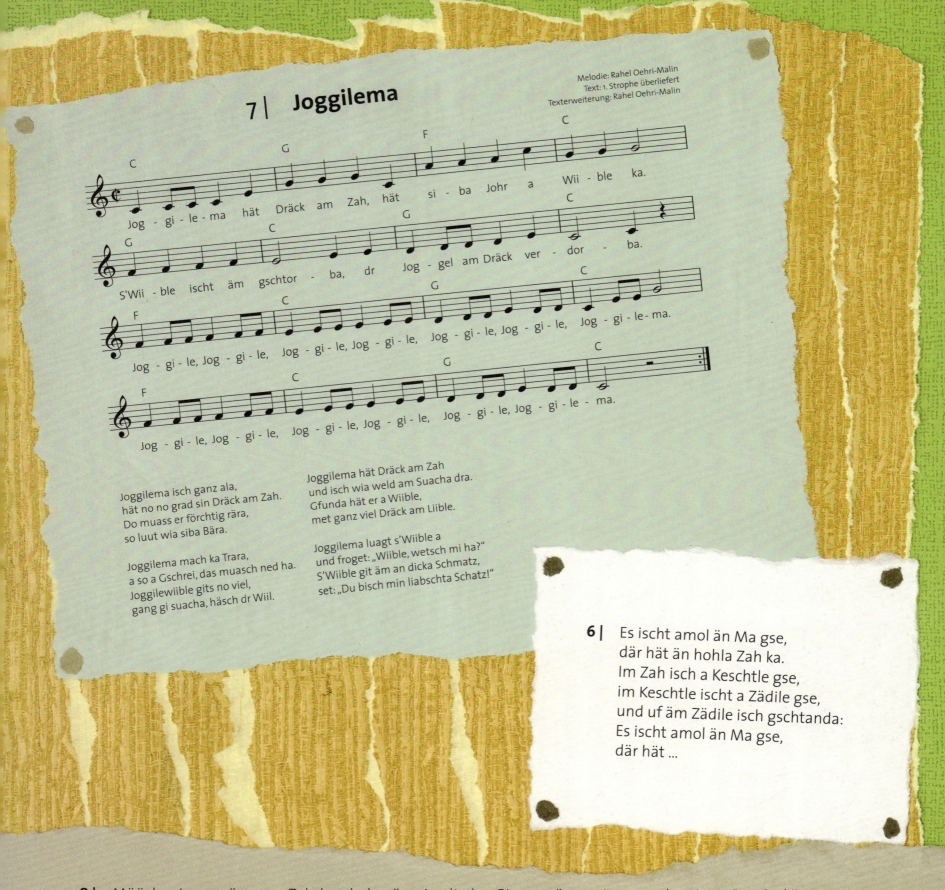

11 | Uf dr Wesa

Melodie: Rahel Oehri-Malin
Text: 1. und 2. Strophe überliefert
Texterweiterung: Rahel Oehri-Malin

Uf dr We-sa gfallts mer guat, döt tuan i gärn schpa-zia-ra,
und wenn d'Sun-na schii-na tuat, denn muass ka Blüa-mle frü-ra.
La la la la, la la la la, la la la la la la la, la la la la la la la, la la la la la la.

2. Krüch, krüch, krüch, krü-ü-üch, krüch, krüch, krüch, krüch.
3. Ha - ha - ha - ha - ha - ha - tschi!

Käfer, Biena, Schmetterling, ton döt ummaflüga.
Uf äm Boda, untrem Gras tuat a Schnäckle krücha.

D'Vögel pfiifen ummanand und dötta juckt än Hasa.
I leg mi is hohe Gras es kützlet mi ir Nasa.

10 | Där do ischt is Wasser gfloga.
Där do hät än ussa zoha. Där do hät än ham tret.
Där hät än is Bett glet, und där hät als dr Mama gset.
Fingervers

12 | Holderi, Holderi, Holderschtock, wie viel Finger schtreckt dr Bock?

Mit flachen Händen auf den Rücken des Kindes klopfen.
Beim Ende des Verses einen, zwei oder drei Finger auf den Rücken drücken.
Das Kind muss die Anzahl Finger erraten.

Kind errät die Anzahl richtig:

Häsches guat verrota,
bischt än guata Brota.

Kind errät es nicht:

Häsches ned verrota,
bischt än schlächta Brota.

Dabei mit flachen Händen dem Kind auf den Rücken klopfen.

Messer oder Gabla?

Dann muss das Kind sich zwischen Messer oder Gabel entscheiden.

Kind wählt Messer:

Schniida, schniida,
schniida, schniida, …

Mit der Handkante wie ein Messer über den Rücken des Kindes streichen.

Kind wählt Gabel:

Schtächa, schtächa,
schtächa, schtächa, …

Mit den Fingerkuppen wie eine Gabel über den Rücken des Kindes stechen.

und än Löffel derzua!

Bei Löffel einen Klaps auf den Po geben.

13 | Füüf freschi Fisch
legen uf am Tisch.
An hemmer weggno,
legen no no viari do.
Viar frischi Fisch …

14 | Es kunnt än Bär vo Nendla här
und ninnt dr grad dr Schpäck awäg.
Krabbelspiel

15 | Mätile, was wet?

Musik: Rahel Oehri-Malin
Text: überliefert
Texterweiterung: Rahel Oehri-Malin

Mä - ti - le, wet än Bal - zner Buab? Nei, Ma - ma, nei!
Bal - zner Bua - ba mag i ned, Ha - fa - lääb ko - ha kan - i ned. Nei, Ma - ma, nei!

Mätile, wet än Eschner Buab?
Nei, Mama, nei!
Eschner Buaba mag i ned,
Tüarka züha kani ned.
Nei, Mama, nei!

Mätile, wet än Schaaner Buab?
Nei, Mama, nei!
Schaaner Buaba mag i ned,
än Kropf träga well i ned.
Nei, Mama, nei!

Mätile, wet än Muurer Buab?
Nei, Mama, nei!
Muurer Buaba mag i ned,
Räba essa well i ned.
Nei, Mama, nei!

Mätile, wet än Tresner Buab?
Nei, Mama, nei!
Tresner Buaba mag i ned,
Gitzi trieba kani ned.
Nei, Mama, nei!

Mätile, wet än Ruggeller Buab?
Nei, Mama, nei!
Ruggeller Buaba mag i ned,
Tuarba schtächa kani ned.
Nei, Mama, nei!

Mätile, wet än Vadozner Buab?
Jo, Mama, jo!
Vadozner Buaba mag i scho,
Knöpfle essa kani scho.
Jo, Mama, jo!

16 |
Wia häscht? Hans Gäscht.
Wia witter? Hans Gitter.
Wia noch? Hans Loch.
Wia meh? Hans Klee.
Dichtet weiter ...

17 | Strubilemutz

Melodie: überliefert
Text: 1. Strophe überliefert
Texterweiterung: Rahel Oehri-Malin

Stru-bi-le-mutz, was häscht im Sack? Stru-bi-le-mutz drüü Öpf-el.

Stru-bi-le-mutz, wär hät dr's ge? Stru-bi-le-mutz dr Göt-ti.

Stru-bi-le-mutz, wär isch din Göt-ti? Stru-bi-le-mutz dr Ka-bis-jöt-ti.

Strubilemutz, was häscht ir Hand?
Strubilemutz, füüf Rappa.
Strubilemutz, wär hät dr's ge?
Strubilemutz, dr Papa.
Strubilemutz, was kofsch dr drus?
Strubilemutz, a Gummimuus.

Strubilemutz, was essisch döt?
Strubilemutz, Banana.
Strubilemutz, wär hät dr's ge?
Strubilemutz, mini Nana.
Strubilemutz, was trinksch derzua?
Strubilemutz, a Melch vor Kuah.

18 | Büable, kasch du rita?
Jo, jo, jo!
Häsch d'Füass uf bedna Sita?
Jo, jo, jo!
Häsch dim Rössle z'essa geh?
Jo, jo, jo!
Häsch dim Rössle z'trinka geh?
Nei, nei, nei!
Denn riten mer jetz zum Brunna
und riten drei Mol umma,
do macht das Rössle trip und trap
und wörft das Büable afach ab.
Kniereiter

19 | Rita, rita Rössle

Melodie und Text überliefert, variieren von Familie zu Familie

Ri-ta, ri-ta, Rös-sle, z'Bal-zers schtoht a Schlös-sle, z'Bal-zers schtoht a gol-digs Huus, döt lua-gen drü Jung-frau-a drus. Di erscht schpinnt Sii-da, di zweit schnätz-let Krii-da, di dritt goht is Glok-ka-huus und lot di gol-dig Sun-na us.

Kinder «reiten» dazu gerne auf dem Schoss und lassen mit ihren Armen zum Schluss die Sonne aufgehen.

20 | Das isch dr Rittersma,
där gschiaret s' Rössle a,
där git äm z'fressa,
där git äm z'trinka
und där tuat loschtig ada winka.
Fingervers

21 | As, zwo, drü, viar, füüf, sechs, siba, mini Mama kochet Rüaba, mini Mama kochet Späck und du bisch weg!
Abzählvers

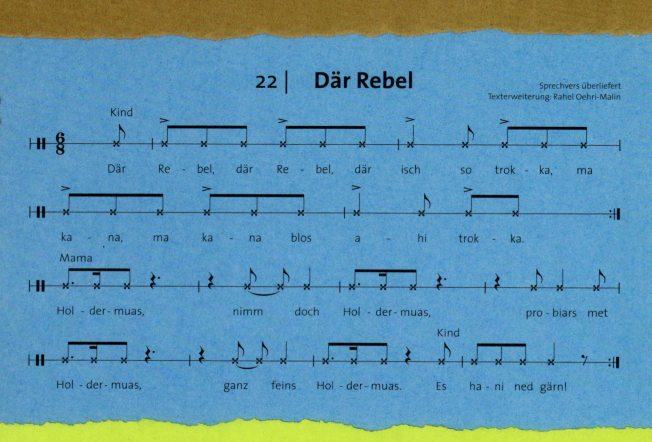

22 | Där Rebel
Sprechvers überliefert
Texterweiterung: Rahel Oehri-Malin

Kind
Där Rebel, där Rebel, där isch so trok-ka, ma ka-na, ma ka-na blos a-hi trok-ka.

Mama
Hol-der-muas, nimm doch Hol-der-muas, pro-biars met Hol-der-muas, ganz feins Hol-der-muas. Es ha-ni ned gärn!
Kind

Suura Käs, nimm doch suura Käs,
probiars met suurem Käs, ganz än suura Käs.
Er schtinkt mer z'roos!

Kaffee, nimm doch Kaffee,
probiars met Kaffee, feina Kaffee.
Es dörf i doch ned!

Öpfelmuas, nimm doch Öpfelmuas,
probiars met Öpfelmuas, frisch gmachts Öpfelmuas.
Es isch mer z'suur!

Schoggimelch, nimm doch Schoggimelch,
probiars met Schoggimelch, warmi Schoggimelch.
Eni ischt a so bruu!

23 | Sälzle, Schmälzle, (Sanft über die Handinnenfläche des Kindes streichen)
kribile, krabile, (Die Handinnenfläche kitzeln)
Tatsch! (Auf die Hand klatschen)

25 Rätschbäsa, Kochilumpa got i d'Schual gi Wasser pumpa,
schöttets weder us, und du bisch drus.
Abzählvers

24 | Kumm Annile

Melodie: Rahel Oehri-Malin
Text: 1. Strophe überliefert
Texterweiterung: Rahel Oehri-Malin

Kumm An-ni-le, kumm An-ni-le, kumm met mer gi schpa-zia-ra. Wo-hi, wo-hi? Dor d'Fäl-der bis zum Rii. An-na, kumm An-na, oh An-na, kumm An-ni-le,__ An-na, kumm An-na, oh An-na, kumm An-ni-le.

Kumm An-ni-le, kumm An-ni-le, kumm met mer gi ver-dia-na. För was, för was? För s'Was-ser und för s'Glas.

Kumm Annile, kumm Annile,
kumm met mer met gi hüüsla.
Wia lang, wia lang?
Halt bis i weder gang.
Kumm Annile, kumm Annile,
kumm met mer gi verzella.
Vo was, vo was?
Vo Igel, Fuchs und Has.

Kumm Annile, kumm Annile,
kumm met mer met gi bättla.
Bis wenn, bis wenn?
Bis sie üs eppis gen.
Kumm Annile, kumm Annile,
kumm met mer met gi ässa.
Warum, warum?
Oh, frog ned all so dumm!

27 | Hinter Hansa Hochas Huus hangen hundert Hosa hoss,
hundert Hosa hangen hoss, hinter Hansa Hochas Huus.

26 | A so wäschen mer d'Wösch

Überliefert

A so wäsch-en mer d'Wösch, a so wäsch-en mer d'Wösch, scho früah am Men-tig

Mor - ga. Rii - ba, rii - ba, Sää - fa dra, s'dörf ka an-zi-gi Mo-sa ha. A

so, a so, a so wäsch-en mer d'Wösch.

Kinder imitieren gerne die Tätigkeiten. Sie wollen die Wäsche waschen, schwenken, aufhängen,
bügeln, flicken, wegräumen und sich nach getaner Arbeit ausruhen.

A so schwenken mer d'Wösch,
a so schwenken mer d'Wösch.
scho früah am Zischtig Morga.
Schwenka, schwenka, här und hi,
d'Wösch muass nämleg suuber si.
A so, a so, a so schwenken mer d'Wösch.

A so tröcknen mer d'Wösch,
a so tröcknen mer d'Wösch,
scho früa a Mettwoch Morga.
Säle schpanna, Kloppa dra,
d'Wösch sött halt viil Sunna ha.
A so, a so, a so tröcknen mer d'Wösch.

A so böglen mer d'Wösch,
a so böglen mer d'Wösch,
scho früah am Donschtig Morga.
Met äm Isa hi und här,
wenn's doch no scho fertig wär.
A so, a so, a so böglen mer d'Wösch.

A so flecken mer d'Wösch,
a so flecken mer d'Wösch,
scho früah am Fritig Morga.
Löcher wifla, Knöpf no dra,
dass ma's weder brucha ka.
A so, a so, a so flecken mer d'Wösch.

A so kaalten mer d'Wösch,
a so kaalten mer d'Wösch,
scho früah am Samstig Morga.
Schö verstriicha met dr Hand,
alles biiga ufanand.
a so, a so, a so kaalten mer d'Wösch.

Und jetz ruaben mer us,
und jetz ruaben mer us,
am schöna Suntig Morga.
Amol so und amol so,
schlofa macht äm gsund und froh.
A so, a so, a so ruaben mer us.

28 | Dr Dengilema

Überliefert, auch als «Krögilima» bekannt
Strophen variieren von Familie zu Familie

Dr Dengilema, dr Dengilema, halli hallo, dr Dengilema, dr Dengilema.

Wo goht er hi, wo goht er hi?
Halli Hallo, wo goht er hi, wo goht er hi?

Is Wörtschaftle, is Wörtschaftle.
Halli Hallo, is Wörtschaftle, is Wörtschaftle.

Was ninnt er döt, was ninnt er döt?
Halli Hallo, was ninnt er döt, was ninnt er döt?

A Budile Schnaps, a Budile Schnaps.
Halli Hallo, a Budile Schnaps, a Budile Schnaps.

Und was derzua, und was derzua?
Halli Hallo, und was derzua, und was derzua?

A Schnäfile Käs, a Schnäfile Käs.
Halli Hallo, a Schnäfile Käs, a Schnäfile Käs.

Wenn goht er häm, wenn goht er häm?
Halli Hallo, wenn goht er häm, wenn goht er häm?

Am zwölfi z'Nacht, am zwölfi z'Nacht.
Halli Hallo, am zwölfi z'Nacht, am zwölfi z'Nacht.

Wo schloft er denn, wo schloft er denn?
Halli Hallo, wo schloft er denn, wo schloft er denn?

Im Kellerloch, im Kellerloch.
Halli Hallo, im Kellerloch, im Kellerloch.

Was seht denn d'Frau, was seht denn d'Frau?
Halli Hallo, was seht denn d'Frau, was seht denn d'Frau?

Du Suufloch, du! Du Suufloch, du!
Halli Hallo, du Suufloch, du, du Suufloch, du!

Wo schperts na i, wo schperts na i?
Halli Hallo, wo schperst na i, wo schperts na i?

Im Hennaschtall, im Hennaschtall.
Halli Hallo, im Hennaschtall, im Hennaschtall.

29

Es ischt amol än Ma gse,
där isch ned gärn ala gse.
Do hät er wella kocha,
do ischt äm Kella brocha.
Do lauft er d'Schtäga uf und ab
und lot allport a Förzle ab,
do kunnt derzua no d'Polizei
und seht: «Es ischt a Sauerei!»

30 | Alles Schöne uf dr Erda

Musik: Rahel Oehri-Malin
Text: 1. Strophe überliefert
Texterweiterung: Rahel Oehri-Malin

Al-les Schö-ne uf dr Er-da häsch du lia-ba Gott üs gmacht. D'Sun-na, d'Blua-ma und dr Rä-ga und o d'Schtär-na i dr Nacht. S'täg-lig Brot gischt all-na Men-scha und din Sä-ga je-dem Land. Lia-ba Gott tua du üs leh-ra, wia ma liab isch met-a-nand.

Alles Schöne uf dr Erda, liaba Gott das kunnt vo diar.
D'Böm und d'Wesa, d'Bärg und d'Sea, Rägaböga, jedes Tiar.
Und du losch mi ned allanig, du bisch immer do för mi.
Du luagsch ned uf mini Fähler, häsch mi liab so wia ni bi.

Alles Schöne uf dr Erda häsch du liaba Gott üs ge.
S'Liacht, dr Himmel und mis Läba, Mama, Papa und dr Schnee.
Und das Alles isch so koschtbar, viel meh wert als alles Geld.
Liaba Gott, tua du üs helfa, dass mer luagen zu üsra Welt.

35 | Söll dr eppis verzella, vo dr Frau met dr Kella? Sie ischt ra verbrocha. Jetz ka sie numma kocha.

34 | S'goht a Frau gi Öpfel schöttla

Überliefert

S'goht a Frau gi Öp-fel schöt-tla, Öp-fel schöt-tla, Öp-fel schöt-tla,
a-li Kin-der hel-fen röt-tla, rum-pel, rum pum pum.

Schüttelt einander im Rhythmus!
Wer ist der Apfelbaum und wer schüttelt?

37 | Öpfel, Biara, Noss und du bisch doss!
Abzählvers

36 | I wet, er wär scho do
Überliefert

O, o, o, i wet, er wär scho do.
Jo, denn müasst i num-ma plan-ga, i wet grad, er wär scho gan-ga.
O, o, o, i wet, er wär scho do.

O, o, o, i siach än jetza ko.
I wett, i möcht, i möcht, i wett,
i glob i schlüüf grad unters Bett.
O, o, o, i siach än jetza ko.

E, e, e, was well er miar o ge?
Läbkuacha, Nöss, än Krömlepack,
a Ruata oder än grossa Sack?
E, e, e, was well er miar o ge?

E, e, e, jetz isch er bi mer gse.
Hät mi ned wella met äm neh.
Er hät miar no a Säckle ge.
E, e, e, jetz isch er bi mer gse.

39 | Müüsle, gang gi schlofa

Melodie: Franz Bertolini
Text: Walter Weinzierl

Müü - sle gang gi schlo - fa, dr Tag zücht us bed Schuah und

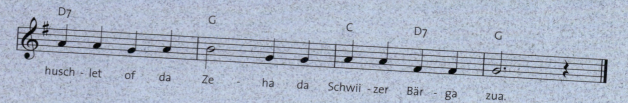
husch - let of da Ze - ha da Schwii - zer Bär - ga zua.

Tua di no ned förchta
dunklets o im Tal.
Gott zünt tausig Lampa a
dom im Himmelssaal.

Und i d'Mondlaterna
schteckt er s'Kiarzaliacht,
dass er uf mis Poppile
besser aha siacht.

Müüsle, gang gi schlofa,
dr Tag zücht us bed Schuah
und huschlet uf da Zeha
da Schwiizer Berga zua.

38 | Fenschter zua,
(Die Augenlider des Kindes schliessen)

Läda zua,
(Die Ohrläppchen des Kindes nach vorne klappen)

Tör zua,
(Die Lippen des Kindes zusammen halten)

bschlüüsa.
(Die Nasenspitze des Kindes «drehen»)

Quellenangabe

Alle Texte wurden der gleichen Schreibweise angepasst und entsprechen keinem bestimmten Liechtensteiner Dialekt. Dabei wurde weniger auf die phonetisch genaue Wiedergabe geachtet, als vielmehr auf allgemeine leichte Lesbarkeit.

Aus «Gereimtes und Ungereimtes aus Liechtenstein»:
– S'isch amol än Ma gse, där isch ned gärn ala gse.
– Joggilema (Hansilema)
– Uf dr Wesa
– Mätile, was wet?
– Där Rebel
– Alles Schöne uf dr Erda
– I wet, er wär scho do
– Kumm Annile

Aus der Sammlung von Theres Büchel:
– Mäh, Lämmle, mäh
– Es seht dr Hiart
– As, zwo, drü
– Füüf freschi Fisch
– Das isch dr Rittersma

Aus der Sammlung von Josef Frommelt:
– S'Funkaliad
– Strubilemutz
– Hinter Hansa Hochas Huus

Aus «Üsers Liaderbüachle»:
– Dr Dengilema
– Müüsle, gang gi schlofa (Schlofliedle)

Alle restlichen Lieder und Verse sind überliefert.

Bei der CD-Produktion haben mitgewirkt:
Rahel Oehri-Malin: Stimme, Akkordeon, Flöte, Percussion
Iris Vogt: Stimme
Janis und Ruben Frommelt: Stimme
Jim Gulli: Gitarre, Stimme
Mattias Zindel: Schlagzeug, Percussion
Philipp Kindle: Stimme
Stefan Frommelt: Klavier, Keyboard, Akkordeon, Percussion
Stephan Reinthaler: Kontrabass

Impressum

Herausgeberin: Rahel Oehri-Malin, Ruggell
Verlag: Alpenland Verlag AG, Schaan
Illustrationen: Rahel Oehri-Malin, Ruggell
Liedertexte: zum Teil überliefert
Texterweiterung: Rahel Oehri-Malin, Ruggell
Noten: zum Teil überliefert
Eigenkompositionen: Rahel Oehri-Malin, Ruggell
Notensatz: Stefan Frommelt, Balzers
Tonaufnahmen: Fromusik-Studio, Stefan Frommelt
Mastering: slb media ag, Buchs
Fotos: Paul Trummer, Mauren
Gestaltung: Gutenberg AG, Schaan
Druck: Gutenberg AG, Schaan
Bindung: Buchbinderei Thöny AG, Vaduz
Dritte Auflage, 2013

ISBN 978-3-905437-31-7

© Rahel Oehri-Malin, Ruggell